달팽이 해우소

서효륜 시집

문학의전당 시인선
191

달팽이 해우소

서효륜 시집

문학의전당

시인의 말

달팽이가 기어간 자리에 남은 분비물이
끈적끈적하게
머릿속에서 떠나질 않는다.

누군가의 흔적이
나를 여기까지 끌고 왔다.

내 시(詩)가
그랬으면 좋겠다.

2014년 어느 겨울날
서효륜

차례

시인의 말

제1부

굴렁쇠의 꿈　13
시(詩)　14
밤꽃　15
오메, 오메　16
공명(共鳴)　18
감나무의 우울　19
바람　20
아버지　21
유리창의 추억　22
서천(西天)　24
소천(召天)　25
달팽이 해우소　26
가을　27

제2부

칼	31
노을 앞에서	32
그루터기 의자	33
가난한 사랑	34
작약꽃 지고 난 뒤	36
깨진 달걀에서 건지다	37
네잎클로버	38
세월	40
무지개	41
걸레論	42
다래끼 처방전	44
꽃잎 편지	46
홍매화	47

제3부

톤레샵 호수　51
명품 구두　52
눈물에 빠지다　53
양파　54
무꽃이 피었습니다　55
감나무는 왜 축축한가　56
동행　57
스위치　58
도마　60
내 사랑은　61
는개　62
아이러니　64
봄을 스치다　65

제4부

그 집 앞　69
보이스 피싱, 유탄　70
동화의 나라　72
복날　73
카페 동백　74
하,　76
오늘이 내일 같은 날　78
내 귓속의 종이 울면　79
반성　80
선반　82
누수　83
행운목 꽃　84
보이지 않는 사랑　85

해설 | 발견(發見)과 공감(共感)의 해우소(解憂所)　87
　　　 | 백인덕(시인)

제1부

굴렁쇠의 꿈

명부전 앞 보리수 그늘 아래서
까까머리 동자승이
굴렁쇠를 굴리고 있다

머리통이 굴러가는지
목탁이 굴러가는지

돌부리도
산 그림자도
엉겅퀴도
풍경 소리도 따라 굴러간다

적막을 깨치고
절간 밖으로 날아오르는 굴렁쇠

온몸이 바퀴다
온몸이 날개다

시(詩)

하얀 그림자들이
어린왕자처럼 걸어 나온다고 쓴다

살아야겠다고
살아야겠다고

달빛에 지구를 매달아놓는 일
풀잎에도 강이 흐르게 하는 일

버드나무가 사람을 앉혔다고 쓴다
빗방울에 우주가 들었다고 쓴다

누군가의 배후에
내 그림자를 나란히 눕힐 때

비로소
눈을 뜬다고 쓴다

밤꽃

용추계곡을 나서며
사내가 짓궂게 물었다
밤꽃 냄새를
맡아보았느냐고

깜깜한 밤이었다
너무 깜깜해서 더 짓궂은 밤이었다

밤하늘 가득
밤꽃이 떠 있었다

별에서도
야릇한 냄새가 나는 줄
처음 알았다

오메, 오메

전어회 먹은 게 탈이 났나봐

급하게
화장실로 달려가 아랫도리를 내리자마자
변기 속에서 전어들이 물결을 친다

아뿔싸,
문 잠그는 걸 잊었다
웬 남자 문 열다 서로 놀라 외친다

오메, 오메

전어보다 빠르게 민망함이 스쳐 지나간다

여자는 자고로
문단속을 잘해야 탈이 없는 법인데
전어회 비늘처럼 반짝이는 이 부끄러움을
어이할 거나

오메,
오메!

공명(共鳴)

이른 아침
무악재 너머로 휘파람새가 날아간다
휘이 휘, 휘이, 휘, 휘

그 옛날
엄마를 묻고 돌아오던 날
창밖에서 애타게 부르던 그 소리
뒤란을 헤매고 대숲을 헤매고 강가를 헤매도
끝내 찾을 수 없던
그 소리

차라리 부르지나 말지!

그때 나는
죽은 사람이 부르는 소리는
모두 공명(共鳴)이라는 것을 알았다

너무 이른 나이였다

감나무의 우울

꽃 떨어진 지 오래인
늙은 감나무에
아무도 오는 이 없고

가벼운 바람에
감잎 몇 장 내 창문으로 들이친다

그 많던 까치들은 다 어디로 갔는지
감나무 혼자 적막에 젖어
굽어져 간다

너 떠난 후
나는 한 번도 감나무의 푸른 그늘을 보지 못했다

감나무의 우울이 내게로 전해져 온다

마음이 아리다

바람

 어느덧 나는 꽃피고 산새 우는 봄 들녘 부채를 볼 수 있는 나이가 되었다

아버지

 갑작스레 죽어버린 돼지 한 마리가 베풀어준 잔치에 삐쩍 말라 비실거리던 황구도 졸지에 호강을 했다 온몸 번지르르하게 온 동네 암캐 집을 제 집인 양 싸돌아다니느라 황구는 집에 잘 들어오지 않았다

유리창의 추억

유리창에 낀 서리를 손톱으로 긁다가
문득 떠오르는 얼굴이 있어
동그라미를 그렸다

네잎클로버를 그리고
북두칠성을 그리고
은사시나무를 그리고
뒷동산을 그리고
학교를 그리고
풍금을 그리고
촛불 하나 그렸더니

일순 유리창이 환해졌다

그리고
너의 이름을 크게 썼더니

동그라미가 웃으며

날아올랐다

얼굴보다 더 크게 날아올랐다

서천(西天)

흙먼지 폴폴 날리는 십리 길 달려 땅강아지처럼 집에 도착했을 때 대청마루에 꺼질 듯 꺼질 듯 호롱불만 해롱거리고 댓돌 위 하얀 고무신 한 짝이 뒤집혀져 있었다

나는
아픈 할머니가
서천(西天)으로 떠난 줄 알고
그 자리에 털썩 주저앉아
소리 내어 울었다
백구보다 더 크게 울었다

소천(召天)

눈 덮인
여자만(汝子灣) 아래
얼음의 결계가 풀어지던 날

당신의 쓸쓸한 세계를 닫아드렸다

달팽이 해우소

달팽이가 마음이 급했나보다

짐 부릴 생각도 않고
어딜 그리 급히 가는지
재촉 없는 고요를 끌고
힘겹게 힘겹게
참회의 길을 간다

그걸
지켜보던 태양이 서둘러
햇살을 거두어 간다

달팽이는
볼일 보러 가는 데 한나절이 걸린다

가을

어젯밤
천둥소리에 놀란 조주선사가
긴 잠에서 깨었는지

인사동 거리에서 만난 한 스님이
마른 꽃잎 한 장 건네주며
가을이라고 했다

단지
마른 꽃잎 한 장 받았을 뿐인데

집으로 오는 동안
내 여린 손바닥 위에
감국이 피었다

제2부

칼

칼을 버렸다

칼에 묻어 있는
고등어, 갈치, 가자미의 숨결도
함께 버렸다

그날

내 혀끝의 칼날도 함께 묶어
버렸어야 했다

노을 앞에서

늙는다는 것은
붉은 오선지 위에
눈물방울로 음표를 그려 넣는 일

지금껏 흘린 눈물
방울방울 엮어서 사알짝 눈가에 얹으면

사르르 사르르
아름다운 음악이 되어 흐를 것이다

그루터기 의자

감나무 그루터기에 앉아 어머니는 한번 버렸던 세상 속으로 다시 들어가고 계신다

가난한 사랑

김 한 장에도
세상에서 가장 행복했던 저녁이 있었지요

네 등분, 여덟 등분, 열여섯 등분,
김 자르는 가위 소리만 들어도
밥상머리에 빙 둘러앉은 식구들은
어머니 손끝에서 일어나는 파도의 높이를
짐작할 수 있었지요

화롯불에 바삭 구운 김
몇 장씩 받는 날엔 젓가락도 팔랑팔랑
마음도 팔랑팔랑
달랑 한 장이면 어때요
나풀나풀 춤추는 파도소리만으로도
충분히 배가 부른 저녁이었지요

참기름 한 방울 간장에 떨어뜨리고
김 한 장 손바닥에 펼쳐놓은 뒤

쌀밥 한 숟가락 살포시 얹으면
물 위에 떠 있는 포말처럼
목구멍 깊숙이 가라앉는
남도 고향 바다

그런 식구들의
가난한 저녁을 훔쳐보던 마당가 명자꽃이
고운 주름살 설핏 기우신
어머니 입가에
밥풀처럼 붙어 있었지요

작약꽃 지고 난 뒤

누군가를 떠나보낸 손바닥이
저리 황폐해질 수 있다니!

당신 떠나보낸 뒤
내 손바닥엔
폐허만 남았다

깨진 달걀에서 건지다

으깨진 날달걀

노른자 두 개

딸만 둘 낳았다고 죄인 취급을 당한 적이 있다

네잎클로버

캄보디아 시골 마을
야자수 나무가 있는 집에 들렀다

어린 꼬마가
네잎클로버 한 장 쥐어주며 "원 달러" 한다

주변을 둘러보니
집 앞의 텃밭이 온통 토끼풀이다

세 잎인지 네 잎인지
나는 보이는 것을 일부러 보지 않았다

원 달러를 건네주자 아이의 입 꼬리가
귀밑까지 올라갔다

우리 일행이 머무는 동안
꼬마의 조막손이 바빴다

잠자리 눈처럼 홑눈 겹눈을 가진 아이

혼자 바쁘던 그 아이가
지금
내 책갈피에서 그렁그렁 웃고 있다

세월

윤슬처럼 반짝이던
너의 속삭임이

벌써
핏빛으로
반짝이누나

위안도 되지 못하는

이 빌어먹을
눈물
한 방울

무지개

날이 새면 나타나
나를 괴롭혔다

눈에 보여
하루를 더 힘들게 하는 것들이
있다!

문득
뒤돌아보니

당신이 서 있었다

걸레論

훔치고
또
훔친다

어제의 먼지도 닦고
오늘의 먼지도 닦고
내일의 먼지도 닦는다

어제의 실수가
오늘의 나를 먹어치우지 않도록
닦고 또 닦는다

빨고
또
빤다

걸레라는 이름으로
아직 훔칠 것이 있어서

나는

슬프지 않다

다래끼 처방전

이웃집 할머니가 말씀하셨다

"그 방법이 최고여"
아이들 다래끼는 왜 그리 자주 나는지
그 방법이 최고란 말을
말씀으로 여기며 잠들어 있는 딸들 방에서
나름 의식을 갖춘 듯 불도 켜지 않았다

숨을 크게 몰아 내쉬며
콧김 훅 불어넣은 바늘로
다래끼 난 쪽 엄지손톱에 열십자를 그었다

밑져야 본전이라고 혼자 킥킥대던 저녁이 새벽이 되자
아뿔싸!
멀쩡한 딸
아이 손톱에 열십자가 그려져 있었다
불을 끄고 행한 수고가 온 집안을
들었다 놨다 했다

그런데
신통하게도
손톱을 긋지 않은 아이의 다래끼가
사라졌다

이 사실을 빨리 처방 주신 할머니께 전해야 했다

꽃잎 편지

산사의 작은 길가에 우체통이 서 있네

가만히 들여다보니 편지는 없고
다람쥐가 숨겼는지
산새가 물어왔는지
씨앗 한 알 숨죽이고 있네

내 숨결 불어 꽃잎 틔우면
사랑싸가 될까

그 꽃잎에
그리움의 편지를 써서 꼭꼭 다져놓으면
어느 집배원이 와서
내 사랑 전해줄까

산사 우체통 앞에 서서
나, 한참 서성거렸네

홍매화

누구
입술이 빠졌길래

가지마다 저리
봉긋 솟아오르나

밤새 그치지 않는
진한 입맞춤

저 너스레들!

제3부

톤레샵 호수

피안(彼岸)을 저어가듯
나룻배가 간다

거친 물살 헤집고
배 위에
뉘여 놓은 어린 것 등 토닥이며
원 달러 외치는 여인

생을
부려놓은 곳이
물 위라니!

손 내미는
아낙의 눈물이
물결의 행간 사이로 흩날리는

톤레샵 호수

명품 구두

명동역 계단에서
구두 한 켤레를 주웠다

누군가의 여로가
내 집안으로 들어왔다

밤새
인기척에 놀라
나가보면
아무도 없었다

구두는
신발장에 그대로 있는데
나만 들락거렸다

다음날
제자리에 도로 가져다놓았다

눈물에 빠지다
— 반려견 리라에게

너를 잊으려
하루 종일 걸레를 들었다

가을 수채화 속에 남겨진
너의 눈빛을 훔치는 동안
나는 눈물에 빠졌다

가지 말라
가지 말라 속삭여줄 걸
잘 가란 인사만 했다

초라한 두 뼘 궤짝에
뒹구는 낙엽 깔아
레테의 강에 띄워 보내고

먼지를
훔치고 또 훔친다

양파

칼이 내리꽂히더라도 절대 달아나지 마

몇 가닥의 수염이 바닥에서 자라나기 시작했을 때

내 집이 동굴임을 알았지

칼을 물지언정

내 전부를 보여줄 순 없어

누군가 몰래 다녀갔지

무꽃이 피었습니다

바람 들어 반은 버리고
반만 남겨둔 무에서
장다리꽃이 피었다
날리는 눈발
봄날은 아득한데
제 몸 불태운 장다리꽃
내 몸에서 피었다

감나무는 왜 축축한가

뒷마당 감나무 아래서
어머니
눈물 훔칠 때마다
감들은 조금씩 더 붉어지고

어머니 눈물이 붉어질 때마다
감나무 그늘은 더 짙어졌다

어머니 나이 되어
늙은 감나무 등걸에 기대어
귀 기울여보니

감나무에
눈물이 가득 고여 있음을
이제야 알겠다

동행

여의도
한강 고수부지에서 산책을 하다
나무벤치에서 사랑을 나누는 연인을 보았다

잔디들은 목을 치켜들고
삐죽 삐죽 구경을 하다
온통 발기 중이다

서로를 건너는 일은 얼마나 뜨거운가

사랑은
호흡이 피어나는 눈과 눈 사이에서

여여(如如)하게 구르는 일이다

스위치

지지직
어둠을 걷어내면
지문만 남아요

오랜 시간
당신이 들려준 고백은
물결이었나요

저 빛을 따라가면
작은 우주가
있다지요

당신의
그림자 속엔
무엇이 있나요

들리나요

내가

간혔어요

간혔다고요

도마

저녁 지을 시간
식구들 우르르 외식한다 나가고

나 혼자 휑한 빈집에서
꺼져가는 공기에
얹혀 있습니다

잘 나가던
허공의 시간들은 언제 떠나갔는지

늘 베어지던 공기는
얼마나 질긴지
자를 수도 없습니다

나만
점점 밀려나
얇아져 갑니다

내 사랑은

고성(高聲) 사이로

언뜻

언뜻 보이는

눈물 속에

당신이 있다

는개

언제 왔는지
언제 젖었는지

떨어지는 한 방울의 숨결에
내가 일렁일 때면

퀭한 눈동자로
하루 종일
너를 생각하게 돼

작은 트리안 잎이었다가
애기별꽃이었다가
알갱이 꽃 에리카였다가

말줄임표로
내게 안겨오는 는개

영원히 풀리지 않을

이 대책 없는 현재형으로

늘 함께하려 해

아이러니

다 큰 딸이 내 머리칼을 쓰다듬는다

"항상 길 조심, 차 조심해야 해요"

당부하는
딸의 품에 안겨

오늘 아침
나는
아기가 돼버렸다

봄을 스치다

인왕산 가는 길목
좌판에 도라지를 펼쳐놓은 아이의 눈빛이
똘망똘망하다

길섶에 핀
제비꽃, 개불알꽃, 쥐오줌풀, 애기똥풀이
아이의 눈망울과 겹친다

산은 보지 않고
산을 오르려는 사람들의 발자국만 부산하다

아직도
도라지 앞에
고개만 떨구고 있는 아이

화창한 봄날
도라지 향에 찔려
산을 내려왔다

제4부

그 집 앞

한 방울씩 떨어지던 가랑비가
못이 되어 나를 찌르네

능소화 꽃모가지가
못비에 찔려 떨어지네

담벼락에
촘촘히 박힌 유리조각에
내 눈물 잘려나가네

나의 눈물이
세상 밖으로 흘러가네

못비에 찔려
나, 세상 밖을 떠도네

보이스 피싱, 유탄

부산 사는 A 할아버지가 혼자 일본으로 놀러가 나가사키 구경하고 500엔짜리 라멘 식사 후 지갑이 없어진 걸 알았대요. 할아버지는 당황하여 "내가 지갑을 잃어버린 거뿐인데 왜, 날 도둑놈 취급하냐"며 실랑이가 벌어졌대요.

웃으며 끝날 수도 있는 일인데 할아버지는 결국 경찰에게 잡혀갔대요. 경찰서에서 연락을 받고 달려온 영사관 담당 직원이 한국에 있는 79년생 아들에게 전화를 했대요.

"여기는 일본영사관입니다. 아버님께서 나가사키로 관광을 오셨다가 지갑을 분실하셨습……" 채 말이 끝나기도 전에 "이런 개새끼야~ 여기 너 같은 놈 잡으러 다니는 법무 감찰관실이야. 니네 자자손손 그렇게 해 처먹고 살아라. 이런 쌍놈의 새끼야" 이러더래요.

영사관 직원이 이번엔 76년생 출가한 딸에게 전화를 했대요. "아버님이 지갑을……" 말이 끝나기도 전에 "여기 경찰청이야, 너 혼나볼래?"

남매에게 물린 개새끼, 소새끼 다 몰고 할아버지 앞에 왈왈 풀어놓은 P씨

"요즘 보이스 피트*가 많아서 그런갑제. 근데 나 인종차별 당해. 빨리 꺼내줘."

P씨, 뚜껑 열렸대요.

---

*할아버지는 보이스 피싱을, 보이스 피트라고 하였다 함.

동화의 나라

땅 위의 사람과
하늘의 낮달이 마주앉은 날

고이 잠든 아가의 숨결이
꽃을 불러들였는지

손톱만 한 꽃들이
온 집안에 가득 피었습니다

천사의 옹알이가
한참입니다

복날

깊이 모를 나락에서 헤매다
스스로
이름 지웠다

지어진 이름 허물로 벗어두고
홀라당 누워
발라당 접시에 올랐다

보양식이라 지어진
이름 위에서

반지르르 눈물 흐르다
또 다른 굴레 속으로
미끄러져 간다

사람들
이빨 후비며 토해내는 트림은
너의 곡(哭)이다

카페 동백

향일함에 불던 바람이
파도를 일으켜 여기까지 왔다

백만 송이 장미가
내 가슴으로 젖어들 때
네 입술은 내 귓불에 앉았다

너는
붉은 동백이 싫다고 했다
나는 그런 네가 좋았다

저만치 걸어가던 너의 말은
곰삭지도 않고
여전히 내 귓속에 머물러 있다

어디쯤일까?

백만 송이 장미를 타고 흐르는

색소폰 선율에

동백이

툭, 떨어진다

하,

전철 안 빈자리가 없다
손잡이에 온몸 매달고 몇 역을 지나치다
앞에 앉아 있는 사람들의 행색으로
미리 내릴 역을 예상해본다

반백의 어르신은 종로 3가역
멋진 청년은 안국역
젊은 남녀는 신사동
우아한 중년 여성은 압구정

먼저 내릴 것 같은 청년의 다리 사이로
어정쩡하게 한 발 걸쳐놓고 마냥 기다리는데
몇 역을 지나쳐도
스마트폰에 얼굴만 묻고 꼼짝을 않는다

하,
줄 잘못 섰다

압구정 지나고 고속버스터미널 지나도록
아무도 내리지 않는다
내가 제일 먼저 내리게 생겼다

겉모습에 또 속았다

오늘이 내일 같은 날

어제가 오늘 같고
오늘이 내일 같은 날

가장 기쁜 날을 오늘로 삼고 싶은데
가장 슬픈 날을 오늘로 삼고 싶은데
가장 우울한 날을 오늘로 삼고 싶은데

철없이 굴었던 어제는 녹슬지 않았고
쓸쓸하게 우울한
동박새, 황조롱이, 붉은머리새의 상처만
오늘이 되고

낙타의 맨발은
내일로 가고

나는 오늘 눈이 시리다

내 귓속의 종이 울면

내 마음속 꽃비 내리게 한 하르방 손길처럼
가서는 다시 돌아오지 않을 비행기처럼
유채꽃에 묻혀 자지러지는 내 그림자처럼
물속까지 나를 끌고 다니던 물허벅처럼
무서움에 떠는 폭낭* 빈 가지처럼
첫사랑에 목을 매던 봉숭아처럼
꿈결을 찔러대던 탱자나무 가시처럼
뒷문으로 달아난 내 사랑처럼
바람을 벗어난 바람처럼

지금,
내 귓속의 종이 울면

---

*폭낭 : 팽나무의 제주 방언.

반성

친정집 다락방에서
초등학교 때 헤어진 내 일기장을 만났다

비바람의 뜻도 모르고
귀뚜라미의 목소리만 기억하던 어린 일기장 속에
아버지를 원망하던 날들이
고스란히 묻혀 있었다

아버지의 자전거를 찢고
아버지의 현해탄 건너에 있는 애인을 찢고
아버지의 술주정을 찢고
아버지의 폼 잡은 사진을 찢고
아버지의 가르마를 찢고
아버지의 구멍 난 난닝구를 찢고
아버지의 주머니에 든 눈깔사탕을 찢고
아버지의 앉은뱅이저울을 찢고
아버지의 귀에 걸린 안경을 찢고
아버지의 주발에 든 막걸리를 찢다가

평생을
슬픈 어둠 속에 들어앉아 있는
아버지가 너무 짠해서
한참을 울었다

선반

누군가
내게 기대어 웁니다
고르지 못한 숨소리에
등이 따갑습니다

한때
나를 호령하던 사람
평생을 살았어도 늘 무거웠던 사람이
언제부터인지
헐겁고 가벼워져
검불 같습니다

그 곁에
아직 내어줄 등이 있어

참
다행입니다

누수

생의 한가운데가
뻥 뚫렸다

말 없는 슬픔
물기 먹은 생채기는 얼룩져
하얗게 흘러내리고

가슴 다 드러내 보이는
하,

그것

행운목 꽃

코를 벌렁거린다
입을 크게 벌린다

지금,
오셔요

향이
벽을 타고 올라
천장을 덮고 밤을 밝힌다

한밤중에만 깨어 있는
당신 앞에선

나중에,
라는 주저함은 없어야 했다

보이지 않는 사랑

저기
가을 창 아래 매달린 단풍잎은
봉인된 편지일 뿐

이별의 말은
보이지 않아 좋다

가슴에 남은 약속만
파닥거릴 뿐

왜? 그래야 했는지

묻지
않기로 했다

해설

발견(發見)과 공감(共感)의 해우소(解憂所)
백인덕 시인

1.

시가 '힘'이 되는 순간, 아니 경우를 생각해본다. 얼마 전 읽은 한 소설가의 '소설(笑說)'은 글 좀 쓴다는 사람들이 행세하는 오늘날의 행태를 비판하면서 마치 조선시대가 지속되는 느낌이라고 했다. 사실이라면 글 중에서도 최상의 경지라 할 수 있는 시를 쓴다는 것은 분명 힘이 있는 것이고, 어쩌면 위세 깨나 부리고 있는 것일지도 모른다. 사실, 시는 힘이 세다. 정의나 기능, 혹은 역사적 위상을 빌어 그렇다는 것이 아니다. 앞의 명제, '시는 힘이 세다'는 언제나 집단적이기보다는 개인적으로, 보편성이 되려 하기보다는 개별성을 지향한다는 측면에서 즉각적인 변용이 가능하고, 그 무수한 변화가 개인이라는 제한된 울타

리를 훌쩍 뛰어넘어, 이 시대가 앓고 있는 모든 차별적인 요소들을 무력화하면서 동그랗게, 동그랗게 공명(共鳴)할 수 있다는, 그 가능성이 무제한적으로 열려 있다는 점에서 그렇다는 것이다.

서효륜 시인의 이번 시집, 『달팽이 해우소』는 힘이 세다. 먼저 그 힘의 원천을 몇 가지 생각해보자. 무엇보다 필자의 눈을 사로잡은 것은 간결한 시어와 적절한 시행, 연의 배열이다. 짧아야 좋은 시가 아니라는 것쯤은 삼척동자도 꿰고 있는 사실일 터, 생각할 여백을 열어 둔 작품들은 말 그대로 '언어의 경제성'을 획득하고 있다. 다음으로 주목하게 된 점은 개별 작품들에 사용된 비유가 단순히 '의인화, 동화, 투사'와 같은 수법상의 충실성에서 끝나는 것이 아니라 의미지평을 향해 열려 있다는 점이다. 그 의미지평이란 '풍자와 해학'인데 자세한 것은 뒤에서 다시 살펴보기로 한다. 끝으로 이번 시집은 '발견과 공감'이라는 두 축을 뼈대로 다양한 형상을 빚어내고 있다는 점이다. 굳이 짧고 직관적인 작품들이 힘이 약하다는 것은 아니지만, 때로 많은 경우에 그런 형식들은 읽는 이를 더 깊은 수렁으로 끌어들이기 십상이다. 즉, 몸으로 감흥하기도 전에 머리로 인식해야만 하는 작품들이 많다는 것이고, 그만큼 시 읽기가 꺼려지는 경향이 있다는 것이다.

요약하자면, 『달팽이 해우소』는 힘이 세고, 그 힘은 시적 의미 이전에 서효륜 시인의 시작 태도, 그것을 가능케 하는 시적 정의에서 비롯한다.

달팽이가 마음이 급했나보다

짐 부릴 생각도 않고
어딜 그리 급히 가는지
재촉 없는 고요를 끌고
힘겹게 힘겹게
참회의 길을 간다

그걸
지켜보던 태양이 서둘러
햇살을 거두어 간다

달팽이는
볼일 보러 가는 데 한나절이 걸린다
―『달팽이 해우소』 전문

시인은 한낮 뙤약볕 아래 어디론가 곧 말라붙을 끈적대는 분비물을 남기며 가고 있는 달팽이를 본 적이 있다. 하지만 우리는 이 표제작을 결코 오후의 한 정경의 단순한

묘사로 읽을 수 없다. 왜냐하면, 정식처럼 대상과 화자가 감정이입을 통해 동화되고 있기 때문이다. 결국 달팽이는 시인 자신이 된다. 하지만 그 과정은 몇 단계를 거쳐 이루어진다.

먼저 1연은 관찰로 출발한다. 어쩌면 시인의 눈에 달팽이는 빛의 속도로 달리고 있는 것처럼 보였을지도 모른다. 아니면 아주 경황이 없는 것처럼 보였을 수도 있다. 그래서 이어지는 2연에서 '짐 부릴 생각도 않고', '재촉 없는 고요를 끌고' 간다는 표현이 가능해진다. 신독(愼獨)을 실천, 수행하는 달팽이가 아니라면 '고요'를 '힘겹게 힘겹게' 끌고 '참회의 길'을 갈 이유가 없다. 어쨌든 달팽이의 그 분투가 얼마나 눈물겨웠는지 "태양이 서둘러/햇살을 거두어 간다"는 3연은 과장을 통한 시인의 해학적 성향이 그대로 드러난다. 의미로만 읽자면 달팽이의 '참회의 길'의 진지함, 혹은 엄숙성에 하늘도 감동했다고 이해할 수 있겠지만 표현은 거의 유쾌하기까지 하다. 마지막 연에서 시인은 색다른 명제를 드러낸다. "달팽이는/볼일 보러 가는 데 한나절이 걸린다"는 것인데, 「달팽이 해우소」를 현실성(activity) 있는 장소, 즉 개연적인 공간으로 만들기 위한 한 장치로서 개인적인 발견을 기록한다.

일단은 시의 표면을 따라가면서 표제작을 읽어보았다. 하지만 이번 시집 전체를 읽기 위해 꼭 필요한 다른 방식의 길이 있다. 이미 앞에서 암시되었지만, 달팽이를 시인의 등가적 표상으로 읽는 것이다. 그러면 '마음이 급했나 보다'와 '짐 부릴 생각도 않고', '참회의 길을 간다'와 같은 부분들이 모두 시적 심경의 토로로 새롭게 보인다. 물론 앞의 단락과 동어반복처럼 보인다. 그렇지만 여기에는 시인만의 독특한, 지극히 참신한 함정이 놓여 있다.

  이번 시집의 제목이 '해우소로 가는 달팽이가' 아니라 '달팽이 해우소'라는 것을 상기해보면, 달팽이가 굳이 '한나절'이나 걸려 찾아가는 해우소의 정체가 궁금해진다. 물론 어떤 독자는 달팽이의 느림에 주목할 것이고, 그것은 참회라는 시어와도 어느 정도 결합하는 것이 사실이다. 하지만 "달팽이가 기어간 자리에 남은 분비물이/끈적끈적하게/머릿속에서 떠나질 않는다./누군가의 흔적이/나를 여기까지 끌고 왔다./내 시(詩)가/그랬으면 좋겠다."는 '시인의 말'을 덧붙여 다시 읽어보면, 달팽이의 속도의 문제가 아니라는 것을 알 수 있다. 필자는 해우소를 '시' 또는 '시작'이라고 읽고 싶다. 이렇게 보면, 이번 시집은 '마음이 급'한 시인이 '재촉 없는 고요'를 끌고, '참회의 길'을 걸어 '힘겹게 힘겹게' 부려놓은 '누군가의 흔적'에 대한 기록이고, 더불어 그렇게 누군가에게 흔적이 되고 싶은 시인의 분비물(시)이 '끈적끈적하게', 즉 몸의 촉감으로 살아 있기를 바라는 기대의 결정체가 된다.

서효륜 시인의 시적 특질과 이번 시집의 지향점을 표제작 「달팽이 해우소」를 통해 좀 길게 생각해보았다. 이제부터는 작품 감상을 통해 이를 확인하고자 한다.

2.

　시에서 발견이란 천차만별의 층위를 갖는다. 누군가는 시사적으로 길이 남을 발견을 할 수도 있고, 다른 누군가는 매일이 별반 다름없는 일상에서 찰나를 건너뛰는 발견을 할 수도 있다. 따라서 그것의 크기와 넓이, 무게와 의미 등은 시대를 살아가는 우리에게 혹 무관한 것일지도 모른다. 그렇지만 시적 발견의 최소한의 특질은 살아 있어야 한다. 그것은 시의 목표와도 연관되는데, 사물의 본질이나 사건의 진실, 혹은 인생과 세계의 가치 등과 결합되었을 때만 참다운 시적 발견이라 할 수 있다.
　서효륜 시인의 '가족의 발견'이라는 공통의 주제이면서 동시에 지극히 개별적인 작업을 개성적인 형식으로, 즉 몇 개의 특징적인 분류를 통해 수행하고 있다.

　　눈 덮인
　　여자만(汝子灣) 아래
　　얼음의 결계가 풀어지던 날

당신의 쓸쓸한 세계를 닫아드렸다

—「소천(召天)」 전문

갑작스레 죽어버린 돼지 한 마리가 베풀어준 잔치에 삐쩍 말라 비실거리던 황구도 졸지에 호강을 했다 온몸 번지르르하게 온 동네 암캐 집을 제 집인 양 싸돌아다니느라 황구는 집에 잘 들어오지 않았다

—「아버지」 전문

 주지의 사실이지만, 가족 구성의 핵심은 어머니와 아버지, 즉 양친(兩親)을 중심으로 이루어진다. 이는 그 어떤 사회학적 이론에 앞서 우리의 촌수 형성 방식을 생각해보면 쉽게 이해할 수 있다. 하지만 한 개인으로서 우리의 기억은 오히려 양친(養親)에 의해 가족을 재구성한다. 다시 말해, 사회적 제도로 공인된 부모로부터가 아니라 기르고 보살피고 교육해 준 존재를 가족의 중심으로 삼으려는 심리적 경향을 갖는다는 것이다. 이 심리적 경향이 응축된 것이 기억이고, 기억이 시 창작의 기본 요소가 되므로 대개의 경우 부모는 자아의 필수요소이면서 동시에 결핍된 부분으로 표현되거나 암시적으로 그려진다.

 앞에 인용된 두 작품은 시인의 양육에 대한 몇 가지 단서를 제공한다. 「소천(召天)」의 경우는 망모(亡母)의 마지막

순간의 심회를 옮긴 것인데, 구체적인 대상이 명시되지 않았지만 '여자만(汝子灣)'이라는 지명의 '여자'의 동음이 또한 바다가 갖는 모성적 상징성이 이 작품이 어머니에 대한 것이라는 것을 짐작하게 한다. 더불어 이 작품에서 또 하나 생각하게 되는 것은 제목에 '천(天)'이 붙었다는 점이다. 이는 다른 작품, 즉 「서천(西天)」과 비교했을 때, 그 의미가 명확하게 드러난다.

　　흙먼지 폴폴 날리는 십리 길 달려 땅강아지처럼 집에 도착
　했을 때 대청마루에 꺼질 듯 꺼질 듯 호롱불만 해롱거리고
　댓돌 위 하얀 고무신 한 짝이 뒤집혀져 있었다

　　나는
　　아픈 할머니가
　　서천(西天)으로 떠난 줄 알고
　　그 자리에 털썩 주저앉아
　　소리 내어 울었다
　　백구보다 더 크게 울었다
　　　　　　　　　　　　　　　　—「서천(西天)」 전문

화자는 "대청마루에 꺼질 듯 꺼질 듯 호롱불만 해롱거"렸던, 가슴 철렁했던 유년의 기억 한 자락을 풀어내고 있

다. 인간 세상의 삶과 죽음을 인식할 수 없는 "백구보다 더 크게 울었다"는 심적 토로를 통해 그 순간의 참담함을 시인의 예의 그 과장적 포즈로 보여주고 있다.

이처럼 어머니를 대상으로 한 작품(「소천(召天)」)과 할머니를 대상으로 한 작품(「서천(西天)」)이 공히 '천(天)', 즉 하늘로 돌아갔다고 되어 있는 것은 매우 의미심장하다. 이는 하늘이란 결국 우리들이 돌아가야 할 본향(本鄕)이라는 시인의 의식을 반영하면서 동시에 모친과 조모의 그것이 순조롭게 이루어졌다는 안도감의 무의식적 표출이라고 볼 수 있기 때문이다. 자연스러운 것, 즉 되어야 하는 그대로 된 것은 그리움의 대상이 될지언정 참회의 계기가 될 순 없다. 가끔 회한을 참회라 오인하지만, 참회란 어쩌면 있는 그대로를 포착하지 못했거나 적어도 오해했음을 인식할 때 발생하는 것이다.

반면에 다른 한 축은 매우 부정적으로 그려지고 있다. 제목 자체는 '아버지'를 말하고 있지만, 작품의 내용은 '황구', 뜻밖에 횡재를 한 황구의 이야기일 뿐이다. 굳이 공통점을 찾는다면 "집에 잘 들어오지 않았다"라는 부분에서 시인의 결핍감을 넘어선 어떤 분노 같은 것을 엿볼 수 있다. 이는 그대로 「반성」이라는 작품에서 "비바람의 뜻도 모르고/귀뚜라미의 목소리만 기억하던 어린 일기장 속에/아버지를 원망하던 날들이/고스란히 묻혀 있었다"는 부분을 통해 확인된다. 그런데 이 작품에는 끝부분에 소위 '가족의 재발견'이라 할 수 있는 어떤 계기가 들어 있다.

친정집 다락방에서
초등학교 때 헤어진 내 일기장을 만났다

비바람의 뜻도 모르고
귀뚜리의 목소리만 기억하던 어린 일기장 속에
아버지를 원망하던 날들이
고스란히 묻혀 있었다

아버지의 자전거를 찢고
아버지의 현해탄 건너에 있는 애인을 찢고
아버지의 술주정을 찢고
아버지의 폼 잡은 사진을 찢고
아버지의 가르마를 찢고
아버지의 구멍 난 난닝구를 찢고
아버지의 주머니에 든 눈깔사탕을 찢고
아버지의 앉은뱅이저울을 찢고
아버지의 귀에 걸린 안경을 찢고
아버지의 주발에 든 막걸리를 찢다가

평생을

슬픈 어둠 속에 들어앉아 있는

아버지가 너무 짠해서

한참을 울었다

— 「반성」 전문

  이 작품의 3연을 가득 메우고 있는 아버지에 대한 '원망'의 내용들은 정황상 화자가 어린 시절에 느꼈던 감정들을 일기에 적어놓은 것이다. 그 이후에 상황이 어떻게 변했는지는 거의 추측할 수 있는 단서가 없다. 다만 "평생을/슬픈 어둠 속에 들어 앉아 있는/아버지"라는 부분은 중의적 해석이 가능하다. 하나는 이 작품의 표면을 따라 아버지의 초상이 그렇게 부정적으로 인식, 각인되어 변함이 없었다고 볼 수도 있고, 다르게는 시인도 미처 그 나이에는 알 수 없었던 어떤 이유 또는 동기가 아버지에게 있었다고 읽을 수도 있다. 어쨌든 시인은 그 아버지가 "너무 짠해서/한참을 울었다"고 한다.

  이 '한참을 울었다'가 바로 발견(재발견)의 계기다. 때로 그것은 나이가 주는 지혜일 뿐이라고 하지만 시적으로 보자면 모멘텀(momentum)임에 분명하다. 더불어 가족의 발견은 기억 속의 가족의 재구성에 국한하는 것이 아니다. 그것은 현재 상황에 대한 인식의 새로움을 촉발하는 촉매로 작용하는데, 가령 이렇게 드러난다.

> 누군가
> 내게 기대어 웁니다
> 고르지 못한 숨소리에
> 등이 따갑습니다
>
> 한때
> 나를 호령하던 사람
> 평생을 살았어도 늘 무거웠던 사람이
> 언제부터인지
> 헐겁고 가벼워져
> 검불 같습니다
>
> 그 곁에
> 아직 내어줄 등이 있어
>
> 참
> 다행입니다

—「선반」 전문

어쩌면 시인은, 아니 달팽이는 한나절이 걸려, 힘겹게

참회의 길을 걸어 그의 해우소에 도달했는지도 모른다. 그래서 그는 기억 속의 더러운 분비물들을 쏟아내고, "어느덧 나는 꽃피고 산새 우는 봄 들녘 부채를 볼 수 있는 나이가 되었"(「바람」)음을 깨달았던 것이다. 그래서 "평생을 살았어도 늘 무거웠던 사람이/언제부터인지/헐겁고 가벼워져" 그에게 '등'을 내어주는, 아니 "아직 내어줄 등이 있어" 다행이라 생각하게 된 것일지도 모른다.

이처럼 시적 발견이란, 더욱이 서효륜 시인의 발견이란 결핍의 인식, 혹은 그를 통한 보충이나 보완을 도모하는 것이 아니라 이를 뛰어넘는 시적 의미를 포획하고자 하는 한 방법이라고 할 수 있다.

3.

이번 시집의 두 축, 뼈대는 '발견과 공감'이라고 볼 수 있다고 이미 밝혔다. 사실 이 둘의 상보성은 순위를 갖지 않는다. 다시 말해 하나의 계기마다 그에 들어맞는 하나의 과정이 진행될 수 있고, 그 결과로 우리는 한 편의 작품을 생산할 수 있다. 즉 발견의 내용들의 총합이 공감의 영향력으로 환원될 수 없다는 것이다.

일상의 나날에 대한 여전한 일말의 두려움, "철없이 굴었던 어제는 녹슬지 않았고/쓸쓸하게 우울한/동박새, 황조롱이, 붉은머리새의 상처만/오늘이 되고"(「오늘이 내일 같은 날」) 만다고 탄식하지만, 그 와중에도 시인은 "어제의 실수가/오늘의 나를 먹어치우지 않도록/닦고 또 닦는다"(「걸레論」)고 스스로를 고무, 격려할 수 있게 된다. 이렇게 새로워진 자기(自己)란 시적으로는 지극히 작은 것에도 예민하고 세심하게 반응하게 된다는 것과 같은 의미를 지닌다.

인왕산 가는 길목
좌판에 도라지를 펼쳐놓은 아이의 눈빛이
똘망똘망하다

길섶에 핀
제비꽃, 개불알꽃, 쥐오줌풀, 애기똥풀이
아이의 눈망울과 겹친다

산은 보지 않고
산을 오르려는 사람들의 발자국만 부산하다

아직도
도라지 앞에
고개만 떨구고 있는 아이

화창한 봄날

도라지 향에 찔려

산을 내려왔다

—「봄을 스치다」 전문

　서효륜 시인의 시적 인식은 끝내 "산은 보지 않고/산을 오르려는 사람들의 발자국" 틈에서 "좌판에 도라지를 펼쳐놓은 아이의 눈빛"을 분간해낸다. 정확하게 말하자면, 산의 초입에서 만난 좌판 아이의 눈망울이 산을 오르는 내내 만나게 되는 '제비꽃, 개불알꽃, 쥐오줌풀, 애기똥풀'과 겹쳐져, 즉 같다고 느껴져 시인은 그만 산을 내려오고 마는 것이다. 이때 다른 등산객(상춘객)과의 변별성은 '도라지 향'에서 비롯하게 되는데, 이쯤에서 시인은 공감이란 목표, 즉 산을 오르는 데 있지 않다는 것을 알게 된다. 사실 공감이란 같은 것에서가 아니라 대조적인 것에서 하나의 고유할 수 있는 특질을 찾아낼 수 있을 때 배가 되는 감정의 소여라 할 수 있다.

명동역 계단에서

구두 한 켤레를 주웠다

누군가의 여로가

내 집안으로 들어왔다

밤새
인기척에 화들짝 놀라
나가보면
아무도 없었다

구두는
신발장에 그대로 있는데
나만 들락거렸다

다음날
제자리에 도로 가져다놓았다

—「명품 구두」 전문

 이번 시집에서 만난 몇 편의 작품들, 특히 캄보디아 여행을 소재로 한 「톤레샵 호수」나 「네잎클로버」와 같은 작품들, 혹은 시인이 구성한 가족의 소사를 소재로 한 「도마」와 「아이러니」와 같은 작품들도 다 심리적 거리의 멀고 가까움을 떠나 공감을 지향하는 작품으로 읽을 수 있고, 시집 안에서 충분히 그 역할을 다하고 있다고 보인다. 하지만 현 단계에서 가장 중요한 작품은 아무래도 앞에 인용한 「명품 구두」라고 할 수 있다.

시적 사건에 대한 전언은 아주 명확하다. 명동역 계단에서 구두 한 켤레를 주워 집 신발장 안에 넣어 두었는데, 누군가의 구두가 불안한 것이 아니라 오히려 화자가 불안에 들락거리게 된다는 것이다. 예의 '명품'은 실제인지, '명동역'에서 유추된 것인지는 불분명하다. 이것이 서효륜 시인의 첫 번째 수법이고, 두 번째는 "누군가의 여로가/내 집안으로 들어왔다"는 부분에서 암시되는데, 주워온 구두가 그저 그런 중고품이라면 구두 주인의 신산한 과거를 떠안은 것이 되고, 정말 명품 새 구두라면 그 누군가의 희망을 일순 훔친 것일지도 모르니 그 또한 맘 편할 수 없는 노릇이다. 결국 "다음날/제자리에 도로 가져다놓"는 것 외엔 별수가 없다.

굳이 소품이라면 소품일 수밖에 없는 이 작품에 왜 표제작만큼 집착하는가, 필자는 이 작품이 매우 의미심장하게 보였다. 그것은 '구두 한 켤레'가 말 그대로 제유이기 때문이다. 그것은 추상적으로는 자리(지위)가 될 수 있고 구체적으로는 돈(탐욕)도 될 수 있기 때문이다.

사족이 될지 모르겠지만, 독자와의 공감을 이끌어내는 시적 수법 중의 하나로 '해학'을 생각해볼 수 있다. 일반적으로 풍자가 비판의식을 내세워 사회제도적 모순을 공격하는 것을 주 내용으로 한다면, 풍자는 우리 일상에 내

재한 모순적 요소들을 웃음을 통해 폭로함으로써 자기성찰, 나아가 반성을 촉구하는 역할을 한다.

서효륜 시인은 작품의 성취도 면에서 아주 뛰어난 몇 편의 해학 시를 보여주는데, 「다래끼 처방전」과 「보이스 피싱, 유탄」을 대표적으로 꼽을 수 있다. "그런데/신통하게도/ 손톱을 긋지 않은 아이의 다래끼가/사라졌다"처럼 화자의 실수를 새로운 비방(秘紡)인 양 짐짓 가장하는 것이나, "요즘 보이스 피트가 많아서 그런갑제. 근데 나 인종차별 당해. 빨리 꺼내줘."라는 부분에서는 저절로 웃음이 터져 나온다.

4.

서효륜 시인만의 상징으로 시인을 달팽이로, 시나 시작을 해우소로 표상했다고 읽는 것은 일견 여러 오해의 소지가 남는다. 특히 유독 시에 대해서만 엄격한 이 땅의 많은 시적 엄숙주의자들에게는 괜한 비난을 받을 여지도 있다. 결국 그것은 필자의 시 독해의 협소함을 반증하는 것이지, 시인의 시 세계의 협소함을 증명하는 자료로 사용될 수 없다. 시인은 그의 지향하는바 성취된, 혹은 성취하고자 하는 시 세계를 다음과 같이 형상화하고 있다.

명부전 앞 보리수 그늘 아래서

까까머리 동자승이

굴렁쇠를 굴리고 있다

머리통이 굴러가는지

목탁이 굴러가는지

돌부리도

산 그림자도

엉겅퀴도

풍경 소리도 따라 굴러간다

적막을 깨치고

절간 밖으로 날아오르는 굴렁쇠

온몸이 바퀴다

온몸이 날개다

―「굴렁쇠의 꿈」 전문

  한 시인의 시적 능력은 최종적 상상력의 발원이 아니라 변용과 발휘를 통해서 이루어질 것이다. '굴렁쇠', '머리통', '목탁'은 형태적 유사성으로 인해 '구르다'라는 동사

와 잘 조화된다. 그런데 그다음부터 즉 '돌부리, 산 그림자, 엉컹퀴, 풍경'은 모두 각(角)을 가지고 있는 것이다. 그것들이 따라 굴러간다. 이는 단순히 원(圓)이 각을 이긴다거나 포섭한다는 의미가 아니다. '구르다'는 결국 원형과 각진 것들이 공유하게 되는 어떤 공통점, 특질을 상징한다. 나아가 이러한 건네주고 받음이 특정한 장소(절)에서만 이루어지지는 않는다. 시인은 "적막을 깨치고/절간 밖으로 날아오"른다고 하지 않는가.

또 한 번의 반전은 마지막 연에서 이루어진다. 결국 '굴렁쇠의 꿈'은 온몸이 '바퀴'가 되어 무한히 잘 구르는 것이 아니라 그 구르는 힘을 추진력 삼아 날아오르는 데 있었다. 그것도 열심히 잘 굴러 몸 한구석에서 날개를 피워내는 것이 아니라, 온몸이 '날개'가 되어 적막을 깨치고 무한 천공으로 날아오르는 것이었다. 이 작품에서 해우소를 가기 위해 한나절을 재촉 없는 고요를 끌고 간 달팽이가 떠올랐다면 지나친 비약이 될까, 아니다 완벽한 대응이 될 것이다. 그러므로 결국 굴렁쇠의 꿈이란 시인의 꿈의 성공적인 비유일 수밖에 없다.

하지만 그 길이 순조로운지, 기대만큼 성공적인지는 알 수 없다. 시인 자신이 이를 되묻고 있기 때문이다.

산사의 작은 길가에 우체통이 서 있네

가만히 들여다보니 편지는 없고

다람쥐가 숨겼는지

산새가 물어왔는지

씨앗 한 알 숨죽이고 있네

내 숨결 불어 꽃잎 틔면

사랑㏄가 될까

그 꽃잎에

그리움의 편지를 써서 꼭꼭 다져놓으면

어느 집배원이 와서

내 사랑 전해줄까

산사 우체통 앞에 서서

나, 한참 서성거렸네

―「꽃잎 편지」 전문

  이 작품은 앞에서 언급한 '꿈'의 인간적(의인화를 벗은) 형태라 할 수 있다. 아니 그렇다고 해서 시인의 육성에 보다 가까워지는 것은 아니다. 다만 화자와 화제의 익숙함이 최초 접촉의 충격을 완화시킨다고는 할 수 있다.

  서효륜 시인은 비록 누가 가져왔는지는 모르지만 한 알

의 '씨앗'을 자신의 내밀한 우체통에서 발견했다. 이제는 결코 다락방이나 부엌이 되어서는 안 된다. 소통은 내밀하되 열려 있어야만 하기 때문이다. 그 씨앗에 '숨결'을 불어 넣는다. 그러면 자연히 '꽃잎'은 핀다. 더더욱 여기서 멈춰서는 결코 안 된다. 그것은 무책임한 자세며, 참회의 길을 걸어온 모든 노력을 무화(無化)하는 것이다. '내 사랑'의 소식, 즉 내 말에 다가오는 화답을 기쁜 마음으로 기다려야 한다. '한참 서성'거리는 것이 소식을 받는 가장 빠른 방법일 수도 있을 것이다. 「꽃잎 편지」로 시인은 시인에게 보내는 가장 뜨겁고 내밀한 꿈을 비유하고 있다. 이번 시집을 통해 그 '꿈'으로 지난한 여정을 읽은 모든 독자는 기쁜 마음으로 시인의 성취와 향유를 복하리라.

이 도서의 국립중앙도서관 출판시도서목록(CIP)은 서지정보유통지원시스템 홈페이지(http://seoji.nl.go.kr)와 국가자료공동목록시스템(http://www.nl.go.kr/kolisnet)에서 이용하실 수 있습니다.(CIP제어번호: CIP2014036263)

문학의전당 시인선 191

달팽이 해우소

ⓒ 서효륜

초판 1쇄 인쇄	2015년 1월 2일
초판 1쇄 발행	2015년 1월 9일
지은이	서효륜
펴낸이	김석봉
책임편집	이현호
디자인	조동욱
펴낸곳	문학의전당
출판등록	제311-2012-000043호
주소	서울시 은평구 연서로11길 7-5 401호
편집실	서울시 마포구 마포대로 127, 413호(공덕동, 풍림VIP빌딩)
전화	02-852-1977
팩스	02-852-1978
블로그	http://blog.naver.com/mhjd2003
전자우편	sbpoem@naver.com
ISBN	979-11-86091-07-4 03810

*이 책의 판권은 지은이와 문학의전당에 있습니다.
*양측의 서면 동의 없는 무단 전재 및 복제를 금합니다.
*잘못 만들어진 책은 바꿔드립니다.

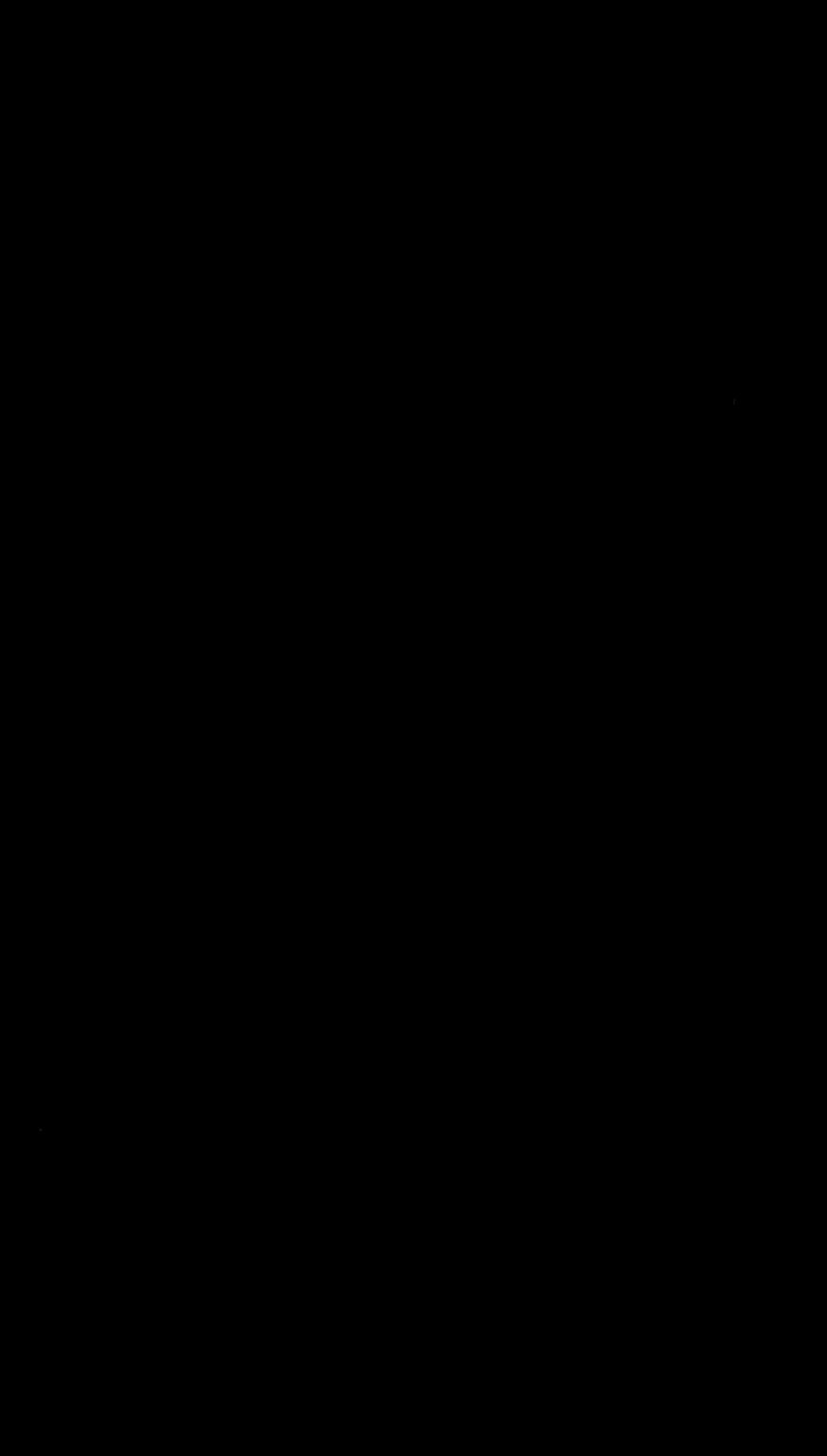

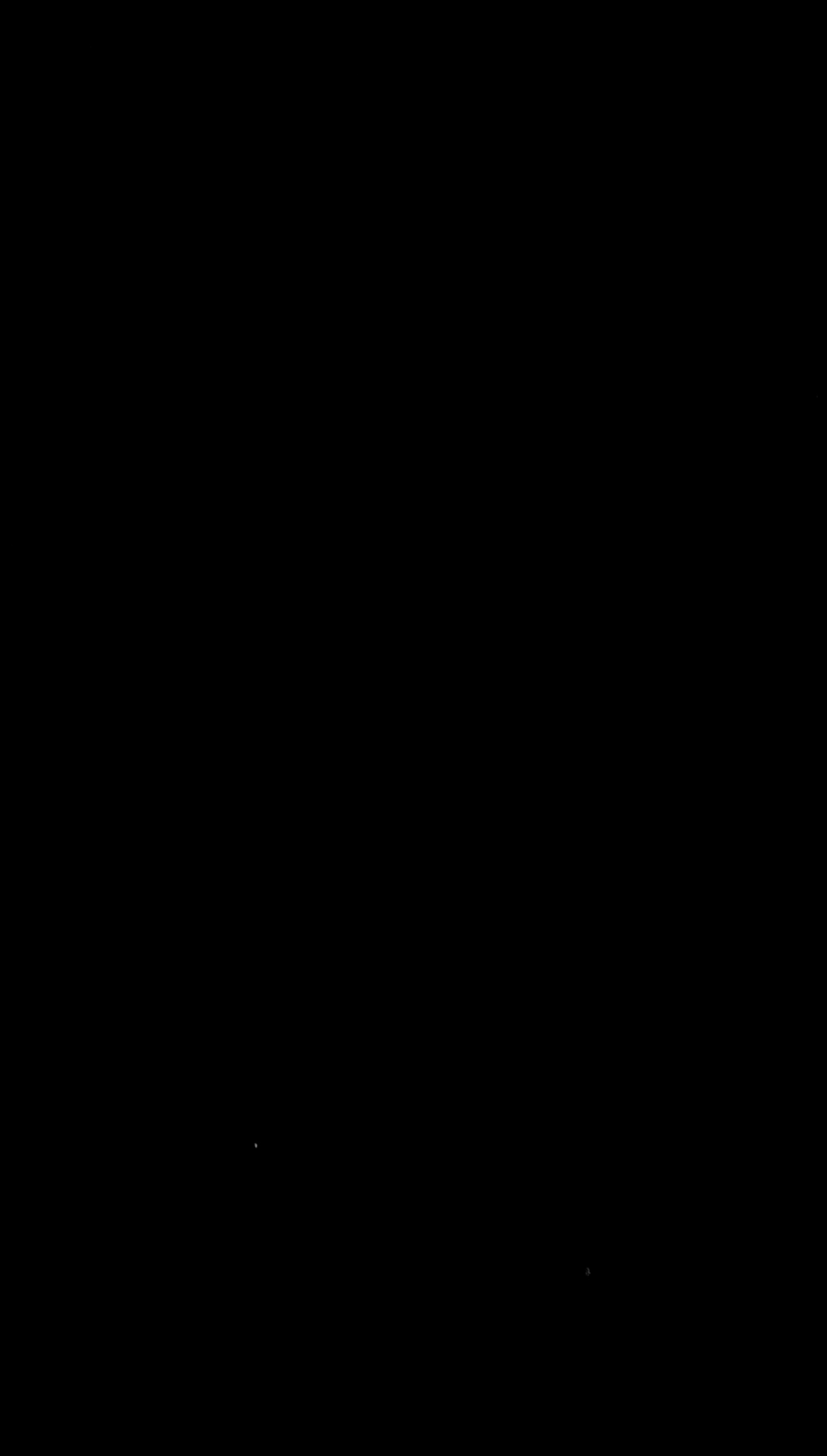